텃 밭
샐러드

텃밭 샐러드

1판 1쇄 인쇄_ 2015.07.13.
1판 1쇄 발행_ 2015.07.24.

지은이_ 정명자(맘앤쿡)
발행인_ 홍성찬
사진_ 한정수(studio etc. 02-3442-1907)
표지 일러스트_ 박경연(pencil747@naver.com)
표지 및 본문 디자인_ ALL design(02-776-9862)

발행처_ 인사이트북스
출판신고_ 2009년 6월 5일 제25100-2009-0017호
주소_ 서울특별시 강북구 삼양로169길 34-12(우이동, 142-871)
대표전화_ 070)8112-0846
팩시밀리_ 02)906-9888
이메일_ insightbooks@hanmail.net

ⓒ정명자(맘앤쿡) 저작권자와 맺은 특약에 따라 검인을 생략합니다.
ISBN 978-89-98432-41-6 13590

이 책은 저작권법에 따라 보호받는 저작물이므로 무단전재와 복제를 금지합니다.
이 책 내용의 전부 또는 일부를 이용하려면 반드시 저작권자와 인사이트북스의 서면동의를 받아야 합니다.

책값은 뒤표지에 있습니다.
잘못된 책은 구매하신 서점에서 바꾸어 드립니다.

Prologue

유난히 가뭄이 심한 2015년의 여름 올해도 어김없이 텃밭일이 시작되었습니다.
늘 그랬듯이 봄에 씨를 뿌리고, 모종을 심고,
초여름이 되기 전부터 풀과의 전쟁도 치러야 합니다.

올해로 텃밭 농사 14년차이지만
농사일은 하면 할수록 흥미롭습니다.
아무리 힘들고 고달파도 수확할 시기만 되면
언제 힘들었냐는 듯 힘이 솟아납니다.
흘린 땀방울과 함께 그동안의 고생이 함께 날아가는 거지요.

14년 전, 아토피가 심해 밤잠을 설치는 아이를 보면서
아이를 위해 할 수 있는 일이 무엇인가를 생각해야만 했습니다.
사람 또한 자연의 일부이니 자연에서 답을 찾아야겠다는 생각을 하게 되었고
그렇게 시작한 일이 바로 주말 농장입니다
식탁에 올릴 채소와 먹을거리를 직접 재배하고 수확하며
아이들에게 흙을 밟게 해 주는 아주 평범한 일이었습니다.

자연스럽게 식단이 바뀌게 되었고
그 후 저희 가족의 일상에는 늘 주말농장이 자리하게 되었습니다.
하지만 땅 한 뙈기 없던 저에게는 주말농장 자리를 찾는 일도 쉬운 일만은 아니었습니다.

지자체에서 운영하는 텃밭 10평을 분양받기 위해
아이를 등에 업고 몇 시간씩 줄을 서기도 하고
이사 가는 곳이 정해지면 가장 먼저 주말농장을 어디에서 할 수 있는지부터 알아보는 게
첫 번째 숙제이기도 했으니까요.

그렇게 시작한 주말농장이 강산이 변한다는 10년이 지나고
올해로 14년째를 맞이하게 되었습니다.
텃밭 운영만큼이나 요리 또한 좋아하는 일이라 요리 블로그도 시작하게 되었습니다.

블로그를 운영하면서 언젠가는 책을 출간해야겠다는 생각을 하고 있었지만
제겐 너무 막연한 일이었고 선뜻 시작할 용기도 나지 않았습니다.
그랬던 저에게 올해 초 출판 제의가 들어왔습니다.

어릴 적부터 친정엄마 어깨너머로 배운 요리가 전부인 제게
요리책이란 된장찌개 같은 그런 의미입니다.
혼자서 틈틈이 10년 동안 만들어온 청(효소)이야말로 저에게는 보물 같은 존재이며,
지인들께 함께 나눔 하는 일들이 제가 생각하는 행복의 의미인 것 같습니다.
이 책을 내기 위해 오래전부터 청을 준비해 온 게 아닐까 하는 생각마저 들었습니다.
저희 14년 텃밭이 고스란히 담긴 《텃밭 샐러드》가 독자 여러분께 작은 도움이 되었으면 하는 바람입니다.

힘들 때마다 지원군이 된 저의 가족,
바쁜 와중에 시간 내서 드레싱을 검증해 준 용덕 언니와 지인들,
제가 책을 낼 수 있도록 큰 힘과 용기를 주신 Daum 및 인사이트북스 관계자분들,
고운 사진 담아 주신 한정수 작가님, 정말 고맙습니다.
그리고 제 블로그를 아끼고 사랑해 주신 모든 분들께도 진심어린 감사를 드립니다.

저는, 현재 강원도에서 텃밭을 일구며 수확한 채소들로
매일 가족을 위해 소박한 밥상을 차리고 있습니다.

여름비 내리는 6월 새벽
맘앤쿡 정명자

Contents

프롤로그 _ 4

샐러드 가이드
Salad Guide

샐러드를 만드는 기본 _ 010
어울리는 드레싱 _ 012
샐러드를 풍성하게 만들어 줄 잎채소 _ 016
토핑과 치즈 _ 018
나의 도구들 _ 019

봄
Spring

감자 소보로 샐러드 _ 022
매콤 과일 피자 샐러드 _ 024
주꾸미 통마늘 칠리 샐러드 _ 026
아스파라거스 베이컨 샐러드 _ 028
닭가슴살 그린 샐러드 _ 030
두릅 참나물 된장 샐러드 _ 032
갑오징어 오렌지 샐러드 _ 034
시금치 소시지 샐러드 _ 036
훈제 연어 토마토 샐러드 _ 038

여름
Summer

감자칩 허니 샐러드 _ 042
브로콜리 전복 샐러드 _ 044
참외 그레이프 요거트 샐러드 _ 046
콘 샐러드&옥수수 버터구이 _ 048
방울토마토 마리네이드 샐러드 _ 050
깻잎 중화풍 돼지고기 샐러드 _ 052
상큼한 수박 샐러드 _ 054
오미자 누들 비빔 샐러드 _ 056
카프레제 샐러드 _ 058

가을
Autumn

단호박 치즈 샐러드 _ 062
파프리카 오징어 샐러드 _ 064
토마토 컵 샐러드 _ 066
배추 불고기 샐러드 _ 068
고구마 크랜베리 호두 샐러드 _ 070
모두모여 채소구이 샐러드 _ 072
새송이버섯 치킨 샐러드 _ 074
아보카도 두부 샐러드 _ 076
과일 그린빈스 샐러드 _ 078

겨울
Winter

새우 청경채 샐러드 _ 082
도토리묵 참나물 샐러드 _ 084
토마토 냉파스타 샐러드 _ 086
치킨 흑임자 샐러드 _ 088
우엉 삼색 샐러드 _ 090
두부김치버거 샐러드 _ 092
파프리카 라이스 페이퍼 샐러드 _ 094
차돌박이 영양부추 샐러드 _ 096
연근 샐러드 _ 098

남은 샐러드 활용하기

모닝빵·두부김치버거 샐러드·매실청에이드 _ 102
치아바타·깻잎 중화풍 돼지고기 샐러드·
오미자 샹그리아 _ 102
비게트&요거트치즈 샐러드·오복차 _ 103
또띠아·닭가슴살 그린 샐러드·자몽에이드 _ 103

에필로그
맘앤쿡 Q&A _ 104

> **일러두기**
> - 모든 요리는 2인분 기준입니다.
> - 요리에 사용된 소금은 함초 소금입니다.
> - 계량 단위: 1큰술(15ml), 1작은술(5ml), 1컵(200ml)
> - 밥숟가락 계량: 1큰술=1.5숟갈, 1작은술=2/3숟갈 정도
> - 1줌: 손으로 쥐어 살포시 한줌입니다.
> - 소금 1꼬집: 손가락으로 집어 묻을 정도입니다.
> - 드레싱에서 올리브유는 모두 엑스트라버진 올리브오일입니다.
> - 드레싱 만들 때 올리브유는 마지막에 넣어 주세요.
> - 재료에 사용된 플레인 요거트는 홈 메이드입니다.

샐러드 가이드
Salad Guide

샐러드를 만드는 기본

신선한 재료 손질

1. 드레싱은 먹기 직전에 뿌려요.
2. 채소는 칼로 썰지 말고 손으로 뜯어요.
3. 남은 채소와 과일은 냉장 보관해요.
4. 제철 채소와 과일 해산물을 활용해요.
5. 뜨거운 재료는 식혀서, 감자는 뜨거울 때 으깨요.
6. 채소의 물기는 완전히 없애요.
7. 잎채소는 흐르는 물에 씻어요.

굴소스 · 피시소스 · 스위트 칠리소스 · 엑스트라버진 올리브오일 · 칠리소스

드레싱 재료&향신료

엑스트라버진 올리브오일 올리브나무 열매에서 추출한 것으로 불포화 지방산이 많고 노화 방지에 탁월한 효능이 있어요. 샐러드에 빠져서는 안 되는 감초 같은 역할을 하죠.

디종머스터드 중세 프랑스의 부르고뉴 디종 지방에서 처음 만들어져 지금까지 사랑받고 있는 식재료입니다. 고기나 생선의 비린 맛을 잡는 데 좋아요.

발사믹식초 포도와 와인을 숙성시킨 식초이며 주로 드레싱이나 소스로 많이 활용해요.

현미식초 쌀을 발효하여 만든 것으로 유기산 아미노산 등이 풍부한 건강 식초예요.

피시소스 생선을 소금에 절여 숙성한 것으로 우리나라의 액젓과 유사하나 부드럽고 달아요.

굴소스 소금에 절여 발효시킨 굴에서 나온 진한 국물을 밀가루 전분, 감미료 등과 혼합하여 만들고, 아미노 캐러멜로 색을 입힌 중국식 소스예요.

칠리소스 멕시코의 대표적 고추 '칠리'에 갖은 양념을 첨가해 걸쭉하게 만든 소스.

홈메이드 요거트 우유 800ml에 마시는 요구르트 1병을 섞고, 제조기에 넣어 약 8시간 정도 지나면 홈메이드 요거트가 됩니다. 차게 해서 먹으면 좋아요.

매실청 매실과 설탕을 1:1로 섞어 3개월 정도 숙성시킨 후 건더기를 거르고 원액을 사용해요. 설탕 대용으로 맛내기에 좋아요.

오미자청 다섯 가지 맛이 난다고 해서 오미자입니다. 생오미자와 설탕을 1:1 비율로 섞어 100일 후 건더기에서 분리한 원액을 사용해요.

마늘청 다른 효소와 만드는 방법은 동일하며, 껍질을 벗긴 마늘과 설탕을 1:1로 3개월 숙성해서 거른 원액입니다.

복분자청 6-8월이 제철인 복분자를 설탕과 1:1로 섞어 3개월 숙성시켜서 거른 후 원액을 사용해요.

쑥청 유기농 쑥을 설탕과 1:1로 섞어 3개월 동안 숙성시켜 거른 후 원액을 사용해요

케이퍼 우리가 먹는 케이퍼 피클은 꽃봉오리예요. 육류나 생선의 비린내를 없애 주고 요리의 맛을 돋워요.

샐러드와 어울리는 드레싱

Salad Guide

채소에 어울리는 드레싱

매콤 오미자청 드레싱 고추장 3큰술, 오미자청 2큰술, 현미식초 1큰술, 고춧가루 1작은술, 설탕 1작은술, 다진 마늘 1작은술, 매실청 1큰술

된장 드레싱 된장 3큰술, 오미자청 4큰술, 다진 청·홍고추 1개, 다진 파, 마늘, 참기름 1/2작은술, 통들깨 1큰술

마요네즈 드레싱 마요네즈 3큰술, 플레인 요거트 2큰술

한국식 매콤 드레싱 간장 3큰술, 고춧가루 1작은술, 통들깨 1작은술, 다진 양파 1작은술, 참기름, 매실청 1큰술

카프레제 드레싱 올리브유 1.5큰술, 소금 1꼬집

발사믹 드레싱 올리브유 3큰술, 발사믹식초 1큰술, 오미자청 1큰술, 소금 1꼬집, 후추 약간, 다진 바질잎 2장

디종머스터드 드레싱 디종머스터드 2큰술, 꿀 1큰술, 매실청 1큰술, 올리브유 1큰술

과일과 어울리는 드레싱

요거트 드레싱 플레인 요거트 3큰술, 오미자청 1큰술, 꿀 1작은술

오미자프렌치 드레싱 올리브유 2큰술, 오미자청 3큰술, 다진 파인애플즙 1큰술, 소금 1작은술

피자 드레싱 시판 까르보나라 소스 2큰술, 고춧가루 1작은술, 간장 1/2작은술

매실청 드레싱 매실청 3큰술, 올리브유 2큰술, 소금, 후추, 다진 파인애플즙 2큰술

두유 잣 드레싱 두유 4큰술, 잣 2큰술, 올리브유 2큰술, 현미식초 1작은술, 꿀 1작은술

파인애플 드레싱 다진 파인애플즙 3큰술, 소금 1꼬집, 레몬즙 2큰술, 양파즙 1큰술, 꿀 1작은술

육류에 어울리는 드레싱

오리엔탈 퓨전 드레싱 간장 2큰술, 매실청 1큰술, 참깨 1작은술, 설탕 1작은술, 물 1큰술, 올리브유 1큰술

중화풍 드레싱 굴소스 1큰술, 고추기름 1큰술, 쑥청 1큰술, 칠리소스 1큰술

흑임자 두유 드레싱 두유 3큰술, 흑임자 2큰술, 매실청 1큰술, 올리브유 1큰술

해산물에 어울리는 드레싱

마늘청 드레싱 마늘청 2큰술, 올리브유 1작은술, 칠리소스 1큰술

칠리 드레싱 칠리소스 2큰술, 다진 파인애플즙 1큰술, 오미자청 1작은술

피시소스 드레싱 피시소스 2큰술, 다진 파인애플즙 1큰술, 칠리소스 3큰술, 설탕 1작은술

레몬오일 드레싱 올리브유 2큰술, 레몬즙 2큰술, 다진 양파 1큰술, 소금 1꼬집, 꿀 1작은술

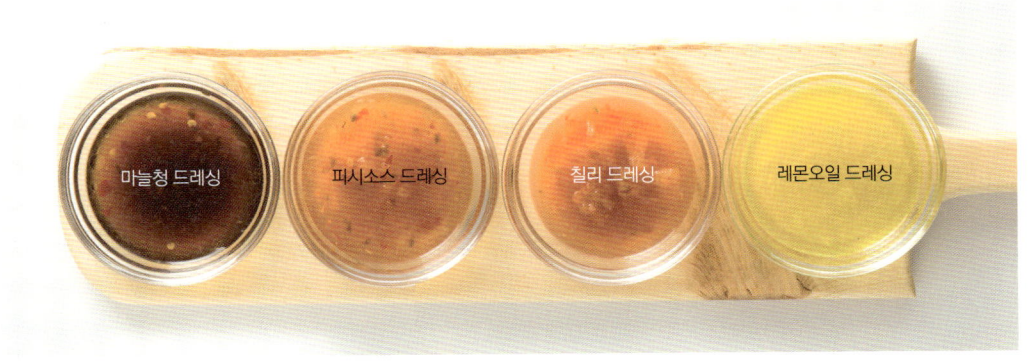

샐러드를 풍성하게 할 잎채소

Salad Guide

텃밭 채소를 싱싱하게 키우려면 적당한 일조량과 수분 그리고 잡초 제거는 기본이에요. 키우기 쉬운 채소부터 시작하고 차츰차츰 난이도를 높여 가세요. 상추와 고추, 쌈 채소, 토마토, 호박, 수박 등이 잘 자라요. 처음부터 넓은 밭에 키우려면 힘이 들어요. 작은 면적부터 시작하세요.

치커리   배추   양상추

쌈채소   청상추   적상추

쑥갓 · 브로콜리 · 양배추

로메인 · 깻잎 · 아스파라거스

참나물 · 시금치 · 청경채

Salad Guide

토핑과 치즈

구운 마늘 팬에 식용유를 두르고, 편으로 썬 마늘을 갈색빛이 돌 때까지 굽는다. 구운 마늘을 키친타올에 올려 기름을 뺀 후 사용한다.

통들깨 볶기 잡티 없는 생들깨를 토핑해도 좋지만, 약한 불에서 살짝 볶은 통들깨를 사용하면 고소한 맛이 증가한다.

구운 호두 약한 불로 달군 팬에 겉이 갈색이 될 때까지 구워서 식힌다.

흑임자 볶기 잡티 없는 검정깨를 달군 팬에 살살 볶아 식혀 사용한다.

밤·대추 밤은 껍질을 벗겨 찬물에 담갔다가 물기를 제거한 후 채 썰어 토핑한다. 대추는 돌려 깎아 씨를 제거한 후 채 썰어 준비한다.

캐슈넛 인도 땅콩이라고 잘 알려진 캐슈넛. 콜레스테롤이 없고, 섬유소가 풍부하여 다이어트에 좋다. 샐러드 토핑으로 좋다. 밀폐 용기에 담아 냉동 보관하면 맛의 변화를 줄일 수 있다.

구운 베이컨 식용유를 두르지 않은 팬에 갈색빛이 돌 때까지 구운 후 키친타올에 올려 기름을 뺀다.

파르미자노 레자노 우리가 흔히 피자에 뿌려 먹는 파마산 치즈 가루의 원료가 되는 치즈이다. 파르미자노 레자노 치즈 덩어리인 치즈를 구입해 필러로 갈아 사용하면 더 유용하다.

요거트 치즈 홈메이드 요거트의 유청만 분리하여 만들 수 있다.

마스카포네 치즈 우유로 만든 크림 조직의 치즈로 아이보리색을 띤다. 이탈리아 남부에서 처음 만들어진 크림치즈이며, 디저트로 가장 많이 사용한다.

파르미자노 레자노   홈메이드 요거트 치즈   마스카포네

Salad Guide

나의 도구들

요거트 제조기
채소 탈수기

다용도 머신기/미니 절구

레몬즙짜개
강판, 그라인더 (치즈 갈 때 사용)
체/미니웍
유리도마

볼
그릴팬
나무도마
필러

봄
Spring

#Eggs
#Cucumber
#Potato

recipe
#1

감자 소보로 샐러드

ingredient

감자(중) 3개 • 삶은 달걀 2개 • 소금 1꼬집 • 오이 1/2개
드레싱 마요네즈 드레싱(마요네즈 3큰술 • 플레인 요거트 2큰술)

맘앤쿡 요리비법

감자는 한 김 식힌 후 버무려요. 오이 대신 당근을 이용해도 좋아요.

how to make

1 감자는 소금 1꼬집을 넣고 삶고, 달걀은 완숙으로 삶는다.
2 오이는 씨를 제거해 썰고,
3 볼에 삶은 감자, 오이, 달걀흰자를 넣은 후 분량의 드레싱으로 버무린다.
4 달걀노른자를 체에 내려 샐러드 위에 토핑한다.

#Tortilla
#Bacom
#Strawberry

recipe
#2

매콤 과일 피자 샐러드

ingredient

또띠아 1장 • 딸기 4개 • 파인애플 슬라이스 2개 • 베이컨 2장 •
시금치 한줌 • 모차렐라 치즈 1컵 • 생오디 한줌
드레싱 시판 까르보나라 소스 2큰술 • 고춧가루 1작은술 • 간장 1/2작은술

맘앤쿡 요리비법
딸기 대신 다른 과일을 이용해도 좋아요. 까르보나라 대신 스파게티 소스를 응용할 수 있어요. 소스는 투움바 파스타에서 응용했답니다.

how to make

1 또띠아 위에 분량의 소스를 바르고, 치즈와 구운 베이컨을 올린다.
2 1을 전자레인지에 2분간 돌린다.
3 시금치를 중앙에 올리고, 딸기, 파인애플, 생오디로 장식한다.

#Baby leaves

#Garlic

#Octopus ocellatus

recipe
#3

주꾸미 통마늘 칠리 샐러드

ingredient

주꾸미 5마리 • 마늘 5톨 • 레몬 1/2개 • 맛술 약간 • 어린잎채소 • 적양파 1/4개
드레싱 칠리 드레싱(칠리소스 2큰술 • 파인애플즙 1큰술 • 오미자청 1작은술)

how to make

1. 주꾸미는 맛술을 약간 넣고 끓는 물에 데쳐 건진다.
2. 마늘은 통째로 마른 팬에 살짝 굽고, 적양파는 채 썰어 생으로 사용한다.
3. 접시에 씻어 물기를 제거한 잎채소와 주꾸미, 구운 마늘, 적양파를 올린 후 드레싱을 뿌려 레몬으로 장식한다.

맘앤쿡 요리비법

- 레몬은 먹기 직전에 뿌려요.
- 주꾸미는 3-4월이 제철이에요. 주꾸미 손질할 때 밀가루 1큰술을 넣고 문질러 씻으면 불순물이 쉽게 제거돼요. 주꾸미는 돼지고기와 음식 궁합이 잘 맞아요.
- 주꾸미를 삶은 후 찬물에 헹구면 짠맛과 단맛이 줄어들기 때문에 데친 후 식혀 사용해요. 주꾸미가 크면 먹기 좋은 크기로 잘라 올려 주세요.

#Asparagus
#Bacom

recipe
#4

아스파라거스 베이컨 샐러드

ingredient
아스파라거스 8개 • 베이컨 3장 • 식용유 1작은술 • 후추 2꼬집

how to make
1   아스파라거스는 줄기 아래 부분을 벗겨 손질한다.
2   달군 팬에 식용유를 둘러 아스파라거스를 익힌 후 후추를 뿌린다.
3   베이컨은 살짝 구워 기름을 뺀 후 0.5cm 크기로 자른다.
4   접시에 구운 아스파라거스를 담고 베이컨을 곁들인다.

맘앤쿡 요리비법
아스파라거스는 아스파라긴산이 함유되어 있어 피로 회복에 효과적이에요. 베이컨에 기본적으로 짠맛이 있기 때문에 소금을 넣지 않아도 된답니다.

#Chicken

#Eggs

#Chicory

recipe #5

닭가슴살 그린 샐러드

ingredient

닭가슴살 2조각 • 치커리 두줌 • 달걀 1개 • 소금 1꼬집 • 후추 2꼬집 • 식용유 1큰술
드레싱 오리엔탈퓨전 드레싱(간장 2큰술 • 매실청 1큰술 • 참깨 톡톡 • 설탕 1작은술 • 물 1큰술 • 올리브유 1큰술)

맘앤쿡 요리비법
닭가슴살은 지방이 적어 맛이 담백하지만, 오래 구우면 질겨질 수 있어요 식용유 대신 버터로 구우면 맛이 더 고소해요.

how to make

1. 삶은 달걀은 완숙으로 준비한다.
2. 닭가슴살은 손질 후 소금, 후추 뿌리고 밑간하여 식용유에 굽는다.
3. 치커리는 씻어 물기를 제거한다.
4. 접시에 2, 3을 담고 삶은 달걀을 올린 후 드레싱을 곁들인다.

#Doemjang dressing

recipe
#6

두릅 참나물 된장 샐러드

ingredient

두릅 한줌 • 참나물 한줌 • 소금 1꼬집
드레싱 된장 드레싱(된장 3큰술 • 오미자청 4큰술 • 다진 청·홍고추 1큰술 • 참기름 • 다진 파 • 마늘 • 통들깨 1큰술)

how to make

1   두릅과 참나물을 팔팔 끓는 물에 소금 1꼬집을 넣어 데친 후 찬물에 헹궈 물기를 뺀다.
2   두릅이 클 경우 먹기 좋은 크기로 찢어 놓고, 참나물은 통째로 넣는다.
3   분량의 드레싱으로 버무린다.

맘앤쿡 요리비법
- 두릅은 스프레이로 물을 뿌린 후 싸서 냉장 보관하면 비교적 오래 먹을 수 있어요. 단, 장기 보관은 좋지 않아요. 두릅은 밑동부터 넣어 데치고, 참나물은 연하기 때문에 살짝만 데쳐요.
- 남은 된장 드레싱은 쌈밥에 활용하세요.

#Cuttlefish
#Orange
#Cucumber

recipe
#1

갑오징어 오렌지 샐러드

ingredient

갑오징어 1마리 • 오렌지 1개 • 오이 1개
드레싱 레몬오일 드레싱(올리브유 2큰술 • 레몬즙 2큰술 • 다진 양파 1큰술 • 소금 1꼬집)

how to make

1. 갑오징어는 몸통에 있는 뼈를 제거하고 껍질을 벗긴 뒤, 칼집을 넣어 끓는 물에 데친 후 먹기 좋은 크기로 자른다.
2. 오렌지는 칼로 손질한다.
3. 오이는 필러를 사용해 세로로 길게 자른다.
4. 볼에 갑오징어, 오이를 넣고 분량의 드레싱으로 버무린 후 오렌지로 장식한다.

맘앤쿡 요리비법

갑오징어는 몸 안에 흰색 석회질의 뼈(갑)를 가지고 있어 갑오징어라고도 해요. 갑오징어의 뼈는 가루로 만들어 지혈제로 사용할 수 있어요.

#Spinach
#Sausage

recipe
#8

시금치 소시지 샐러드

ingredient

어린 시금치 한줌 • 비엔나소시지 150g • 적양파 약간 • 식용유 • 마늘 2톨
드레싱 레몬오일 드레싱(올리브유 2큰술 • 레몬즙 2큰술 • 다진 양파
1큰술 • 소금 1꼬집)

how to make

1. 소시지는 칼집을 넣어 끓는 물에 한번 데친다.
2. 달군 팬에 식용유를 넣고, 편으로 썬 마늘을 볶다가 소시지를 넣고 볶는다.
3. 불을 끄고, 남아 있는 열로 시금치를 살짝 익힌다.
4. 분량의 드레싱을 뿌리고, 적양파를 곁들인다.

맘앤쿡 요리비법
시금치는 일반 나물처럼 열량이 낮아 다이어트에 좋으며, 섬유소질을 함유하고 있어 변비 예방에 도움이 돼요.

#Smoked Salmon

#Tomato

#Caper

recipe
#9

훈제 연어 토마토 샐러드

ingredient

훈제 연어 100g • 토마토 1/2개 • 무순 10가닥 • 적양파 1큰술 • 케이퍼(15알) • 쌈채소 두줌
드레싱 레몬오일 드레싱(올리브유 2큰술 • 레몬즙 2큰술 • 다진 양파 1큰술 • 소금 1꼬집)

맘앤쿡 요리비법

냉동 훈제 연어는 실온이 아닌 냉장고에서 해동해야 비린내가 나지 않아요.

how to make

1. 쌈채소와 무순은 찬물에 담가 씻은 후 물기를 제거한다. 쌈채소는 먹기 좋게 찢는다.
2. 적양파는 채 썰고, 토마토는 먹기 좋게 썬다.
3. 접시에 쌈채소와 무순을 담고, 연어를 한입 크기로 돌돌 만다.
4. 분량의 드레싱을 올리고, 케이퍼도 함께 곁들인다.

여름
Summer

#Potato
#Chicory
#Dijon Mustard

recipe #10

감자칩 허니 샐러드

ingredient

감자 2개 • 치커리 한줌 • 쑥갓 두줌 • 방울토마토 5개 • 다진 캐슈넛 1큰술
드레싱 디종머스터드 드레싱(디종머스터드 2큰술 • 꿀 1큰술 • 매실청 1큰술 • 올리브유 1큰술)

맘앤쿡 요리비법

감자칩을 저온에서 구우면 기름을 더 흡수하므로 식감이 떨어져요. 팬에 2번 정도 구우면 바삭하게 만들 수 있답니다. 드레싱은 취향에 따라 뿌려 먹거나 찍어 드세요.

how to make

1. 다용도 머신기로 감자를 손질하고 찬물에 넣어 전분을 제거한 후 물기를 뺀다.
2. 치커리와 쑥갓, 방울토마토는 씻어 먹기 좋게 손질한다.
3. 팬에 식용유를 넣고 달군 후, 감자를 바삭하게 굽는다.
4. 접시에 치커리와 쑥갓, 방울토마토를 올리고 드레싱을 뿌린 뒤 감자칩, 캐슈넛으로 장식한다.

#Broccoli
#Abalome
#Almond

recipe
#11

브로콜리 전복 샐러드

ingredient

브로콜리 1송이(250g) • 전복 3마리 • 소금 약간 • 버터 1큰술 • 아몬드 10알
드레싱 마늘청 드레싱(마늘 효소 2큰술 • 올리브유 1작은술 • 칠리소스 1큰술)

맘앤쿡 요리비법

전복은 성질이 찬 식재료이므로, 설사를 자주하는 사람에게 좋지 않아요. 이럴 땐 죽을 쑤어 찬 성질을 보완하면 좋아요. 전복의 크기가 작을 경우 통째로 올려 쫄깃한 식감을 즐겨도 된답니다.

how to make

1 끓는 물에 소금 1꼬집을 넣고, 손질한 브로콜리를 넣어 데친다.
2 손질한 전복에 칼집을 넣고, 버터를 두른 팬에 굽는다.
3 접시에 브로콜리와 2를 잘라 담고, 아몬드를 곁들여 드레싱으로 마무리한다.

#Oriental melon
#Green grape
#Mint

recipe #12

참외 그레이프 요거트 샐러드

ingredient
참외 1개 • 청포도 10알 • 민트잎 2개
드레싱 요거트 드레싱(플레인 요거트 3큰술 • 오미자청 1큰술 • 꿀 1작은술)

맘앤쿡 요리비법
싱겁고 맛없는 참외가 있다면 활용해 보세요.

how to make
1. 참외는 끝을 잘라 수저로 씨를 파내고 껍질을 벗겨 1.5~2cm 크기로 둥글게 자른다.
2. 포도는 식초나 소금으로 씻는다.
3. 접시에 참외와 포도를 담고 민트잎과 드레싱을 곁들인다.

#Corn Salad
#Paprika
#Onion

recipe
#13

콘 샐러드 & 옥수수 버터구이

ingredient

캔옥수수 1컵 • 삶은 옥수수 1개 • 파프리카 1/2개 • 양파 1/4개 • 버터 약간 • 설탕 1작은술
드레싱 마요네즈 드레싱(마요네즈 3큰술 • 플레인 요거트 2큰술)

맘앤쿡 요리비법
옥수수에는 식이섬유가 많아 변비에 좋아요. 옥수수염은 말려서 차로 끓여 마시면 이뇨작용에 좋답니다.

how to make

1 캔옥수수는 물기를 빼고 뜨거운 물에 한번 데쳐 낸다.
2 삶은 옥수수 1개는 먹기 좋게 3등분하여 썰어 놓는다.
3 파프리카와 양파는 채 썰고, 데친 옥수수와 섞는다.
4 삶은 옥수수는 달군 팬에 버터를 발라 구워 꼬치에 끼운다.

#Onion
#Mini tomato
#Olive oil

recipe
#14

방울토마토 마리네이드 샐러드

1

2

3

4

ingredient

대추방울토마토 400g • 양파 1/4개 • 소금 1꼬집 • 민트잎 1장
드레싱 발사믹 드레싱(올리브유 3큰술 • 발사믹식초 1큰술 • 오미자청 1큰술 • 소금 1꼬집 • 후추 약간 • 다진 바질잎 2장)

how to make

1   양파는 곱게 다지고, 토마토는 씻어 꼭지를 떼고 칼집을 낸다.
2   냄비에 소금 1꼬집을 넣고 끓인 물에 방울토마토를 넣고 데친다.
3   방울토마토는 찬물로 헹궈 껍질을 벗긴 뒤 식힌다.
4   볼에 분량의 드레싱과 다진 양파를 섞어 접시에 담는다.

맘앤쿡 요리비법

방울토마토 마리네이드는 전날 만들어 차게 해서 먹으면 좋아요.

#Pork
#Perilla leaf
#Hot pepper

recipe
#15

깻잎 중화풍 돼지고기 샐러드

ingredient

돼지고기 안심 350g • 깻잎 30장 • 청양고추 1개 • 홍고추 1개 • 소금·후추 각 1꼬집 • 마늘 3톨 • 식용유 1큰술
드레싱 중화풍 드레싱(굴소스 2큰술 • 고추기름 1큰술 • 쑥청 1큰술 • 칠리소스 1큰술)

how to make

1. 돼지고기는 채 썰어 소금, 후추로 간한다.
2. 깻잎은 씻어 물기를 제거한다. 청양고추와 홍고추는 씨를 뺀 후 채 썬다.
3. 달군 팬에 식용유를 두르고 채 썬 마늘로 향을 낸다.
4. 3에 돼지고기를 넣고 달달 볶은 후,
5. 고추와 드레싱을 넣고 다시 볶는다.
6. 접시에 채 썬 깻잎을 올리고 5를 올린다.

#Water melon
#Lettuce
#Mint

recipe
#16

상큼한 수박 샐러드

ingredient

양상추 두줌 • 수박 1/4통 • 바질잎 2장
드레싱 파인애플 드레싱(다진 파인애플즙 3큰술 • 소금 톡톡 • 레몬즙 2큰술 • 양파즙 1큰술)

맘앤쿡 요리비법
시원하게 해서 먹는 샐러드로 생선이나 고기 요리 후식으로 제격이에요.

how to make

1   양상추는 곱게 채 썰어 얼음물에 담근 후 건진다.
2   수박은 둥근 스쿱으로 모양을 낸다.
3   접시에 양상추와 수박을 담고, 분량의 드레싱으로 간한다.

#Noodles
#Carrot
#Chicory

recipe
#17

오미자 누들 비빔 샐러드

ingredient

오이 1/2개 • 치커리 한줌 • 당근 1/2개 • 깻잎 7장 • 노란 파프리카 1/4개 • 적양파 1/4개 • 채 썬 양배추 두줌 • 소면 2인분
드레싱 매콤 오미자청 드레싱(고추장 3큰술 • 오미자청 2큰술 • 현미식초 1큰술 • 고춧가루 1작은술 • 설탕 1큰술 • 다진 마늘 1작은술)

맘앤쿡 요리비법

오미자청이 없다면 매실청으로 대체 가능해요. 냉장고에 남아 있는 채소들을 다양하게 응용할 수 있어요.

how to make

1. 오이는 씨를 제거한 후 채 썰고, 치커리는 먹기 좋게 손으로 찢는다.
2. 당근과 깻잎, 양배추, 적양파, 파프리카를 채 썬다.
3. 소면은 쫄깃하게 삶아 체에 밭쳐 물기를 뺀다.
4. 접시에 채소를 담고, 중앙에 소면을 올려 드레싱으로 마무리한다.

#Tomato
#Cheese
#Basil

recipe
#18

카프레제 샐러드

ingredient

토마토 1개 • 생모차렐라 치즈 120g • 바질잎 5장
드레싱 카프레제 드레싱(올리브오일 1.5큰술 • 소금 1꼬집)

how to make

1. 토마토는 씻어 통으로 썰어 놓는다.
2. 치즈도 통으로 썰고, 접시에 번갈아가며 놓는다.
3. 바질로 장식하고 드레싱으로 마무리한다.

맘앤쿡 요리비법

이탈리아 카프리섬의 샐러드로 카프레제라고 줄여 부르기도 해요. 여름철 입맛을 돋우는 전채 요리입니다. 카프레제 드레싱이 없다면 오미자청이나 매실청을 활용한 드레싱을 써도 맛있어요.

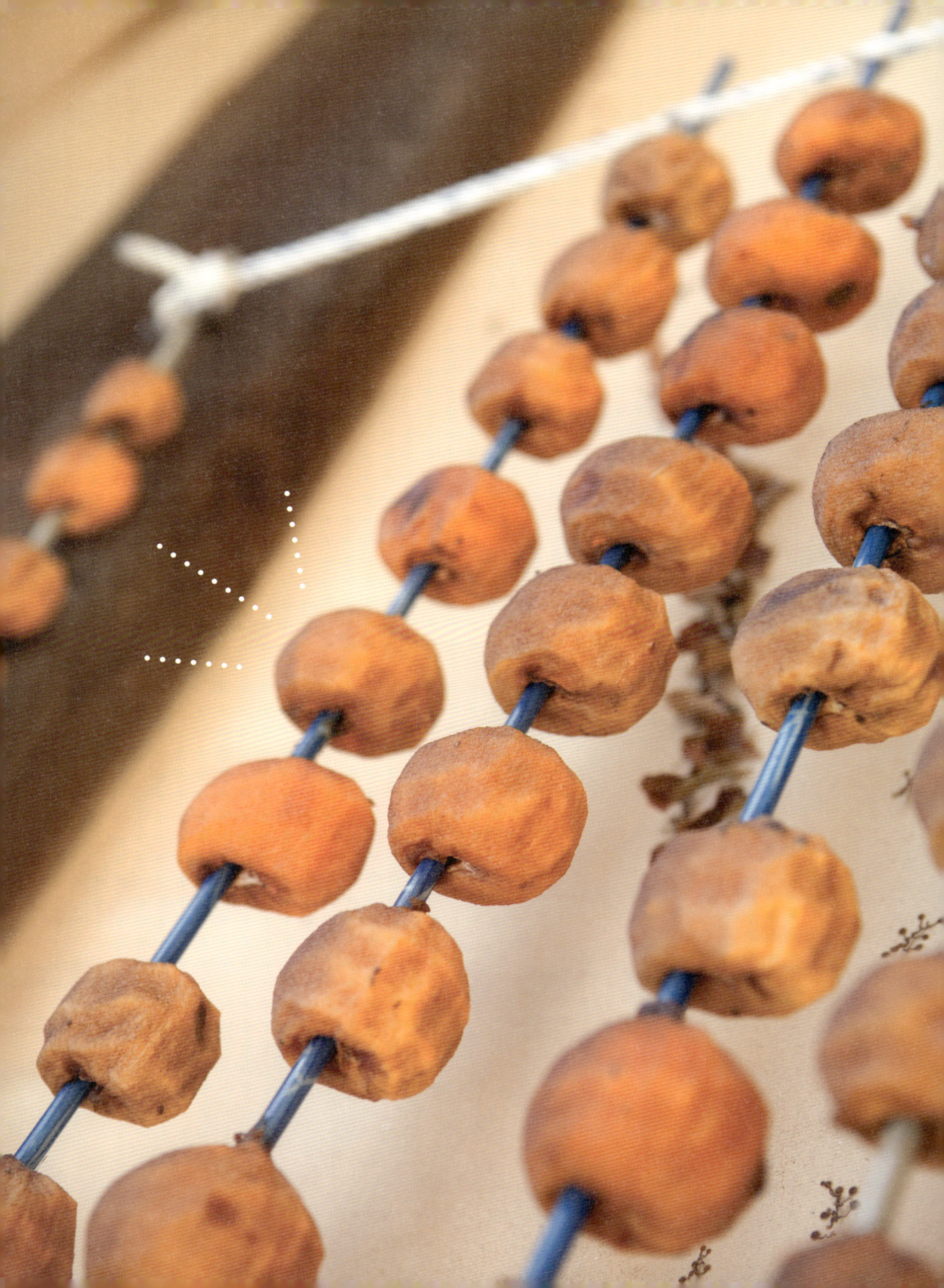

가을
Autumn

#Pumpkin
#Romaine
#Parmigiano cheese

recipe
#19

단호박 치즈 샐러드

1

2

ingredient

단호박 1/2통 • 생율(밤) 5개 • 로메인 한줌 • 방울토마토 5개 • 파르미자노 레자노치즈 30g

드레싱 파인애플 드레싱(다진 파인애플 3큰술 • 소금 톡톡 • 레몬즙 2큰술 • 양파즙 1큰술 • 꿀 1작은술)

맘앤쿡 요리비법

단호박에 치즈를 곁들이면 스트레스 완화에 도움이 돼요. 단호박은 껍질째 먹는 것이 좋답니다.

how to make

1 단호박은 씨를 제거하고, 비닐팩에 넣어 전자레인지에서 5분 정도 익힌다.
2 로메인은 씻어 물기를 제거한다. 밤은 채 썰고, 방울토마토는 반으로 자른다.
3 접시에 단호박을 둥글게 담고, 2, 3을 곁들여 드레싱을 뿌리고, 파르미자노 치즈를 갈아 올린다.

#Cuttlefish
#Paprica

recipe
#20

파프리카 오징어 샐러드

ingredient

오징어(小) 몸통 2마리 • 노랑 파프리카 1/2개 • 빨강 파프리카 1/2개 • 치커리 한줌
드레싱 오리엔탈퓨전 드레싱(간장 2큰술 • 매실청 1큰술 • 참깨 톡톡 • 설탕 1작은술 • 물 1큰술 • 올리브유 1큰술)

맘앤쿡 요리비법
오징어를 너무 많이 데치면 질겨질 수 있으니 적당히 데쳐요.

how to make

1   오징어는 내장을 제거하고 껍질 벗겨 통으로 데친다.
2   파프리카는 씨를 제거하고 3cm 크기로 썬다. 치커리는 손질한다.
3   데친 오징어를 통으로 썬다.
4   접시에 2, 3을 담고 분량의 드레싱을 뿌린다.

#Tomato

#Carrot

#Cube cheese

recipe
#21

토마토 컵 샐러드

ingredient

토마토 2개 • 오이 1/2개 • 당근 1/2개 • 큐브치즈 4개 • 민트잎 3장
드레싱 두유 잣드레싱(두유 4큰술 • 잣 2큰술 • 올리브유 2큰술 • 현미식초 1작은술 • 꿀 1작은술)

맘앤쿡 요리비법
당근은 B-카로틴 함유량이 최고인 녹황색 채소입니다.

how to make

1   토마토는 꼭지 쪽을 잘라 수저로 속을 파내어 컵 모양을 만든다.
2   오이는 씨를 제거하여 썰고, 당근은 깍둑 썰기한 후 팬에 익힌다.
3   믹서기에 갈아 놓은 분량의 드레싱을 2와 함께 버무린 후 속을 파낸 토마토 컵에 담는다.
4   치즈와 민트잎으로 장식한다.

#Bulgogi
#Cabbage

recipe
#22

배추 불고기 샐러드

ingredient

불고기 150g • 속배추 1/2개 • 방울토마토 3개 • 다진 쪽파 1큰술
불고기 양념 간장 2큰술 • 다진 마늘 1작은술 • 설탕 1큰술 • 참기름·양파즙 약간씩

맘앤쿡 요리비법

속배추 대신 양상추나 엔다이브를 사용해도 좋아요.

how to make

1. 속배추는 씻어 물기를 제거한 후 2등분하고, 방울토마토는 4등분한다. 쪽파는 다진다.
2. 달군 팬에 불고기를 물기 없이 바싹 볶는다.
3. 1에 볶은 불고기를 올리고, 방울토마토와 쪽파로 장식한다.

#Sweet potato
#Cranberry

recipe
#23

고구마 크랜베리 호두 샐러드

ingredient

고구마(중) 2개 • 미니채소 두줌 • 크랜베리 2큰술 • 구운 호두 2큰술
드레싱 요거트 드레싱(플레인 요거트 3큰술 • 오미자청 1큰술 • 꿀 1작은술)

맘앤쿡 요리비법
고구마는 비타민C가 많은 작물로 기미, 주근깨 억제에 효과가 있습니다.

how to make

1 고구마는 껍질째 씻은 후 찜기나 냄비에 찐다.
2 미니채소는 씻어 물기를 제거한다.
3 미니채소와 깍뚝 썰기한 고구마를 접시에 담고, 분량의 드레싱을 올려 토핑한다.

#Eggplant
#Onion

recipe
#24

모두모여 채소구이 샐러드

ingredient

가지 1개 • 애호박 1/2개 • 방울토마토 5개 • 양파 1/2개 •
방울양배추 3개 • 소금 1꼬집 • 후추 2꼬집 • 식용유 약간

맘앤쿡 요리비법

먹다 남은 채소를 활용할 때 좋아요.

how to make

1. 껍질째 손질한 채소를 도톰하게 썰어 놓는다.
2. 식용유를 두른 팬에 1을 굽고, 소금, 후추로 간한다.
3. 채소가 익으면 접시에 올린다.

#King oyster Mushroom
#Chicken

recipe
#25

새송이버섯 치킨 샐러드

ingredient

닭가슴살 1쪽(150g) • 새송이버섯 1개 • 청고추 2개 • 미니상추 두줌 • 식용유 1큰술 • 소금·후추 약간씩 • 잣 1큰술 • 맛술 1작은술, 파프리카 약간(토핑)
드레싱 파인애플 드레싱(다진 파인애플 3큰술 • 소금 톡톡 • 레몬즙 2큰술 • 양파즙 1큰술)

맘앤쿡 요리비법
닭고기를 삶을 때, 청주나 맛술을 약간 넣으면 누린내를 제거할 수 있어요.

how to make

1   닭가슴살은 끓는 물에 맛술을 넣고 삶는다.
2   새송이버섯은 채 썰고, 청고추는 씨를 제거한 후 채 썬다. 미니상추는 씻어 물기를 제거한다.
3   달군 팬에 식용유를 두르고 버섯과 청고추에 소금을 넣고 볶는다.
4   접시에 3과 미니상추를 올리고 먹기 좋은 크기로 찢은 닭가슴살과 잣, 붉은 파프리카로 토핑한다.

#Avocado
#Beem-curd

recipe
#26

아보카도 두부 샐러드

ingredient

아보카도 1/2개 • 두부 1모 • 소금 1꼬집 • 들기름 1작은술 • 어린잎채소 한줌
드레싱 매실청 드레싱(매실청 3큰술 • 올리브유 2큰술 • 소금 • 후추 •
다진 파인애플즙 2큰술)

맘앤쿡 요리비법
아보카도는 비타민이 풍부하고
미네랄이 듬뿍 들어 있어요.

how to make

1   두부는 2cm 크기로 잘라 물기를 제거한 후 소금으로 밑간을 한다.
2   아보카도는 껍질을 벗겨, 슬라이스로 자르고, 어린잎채소는 씻은 후
    물기를 제거한다.
3   들기름을 두른 팬에 두부를 올려 굽는다.
4   접시에 담아 드레싱으로 마무리한다.

#Apple
#Green bean

recipe #27

과일 그린빈스 샐러드

ingredient

사과 1/2개 • 배 1/2개 • 대추 5개 • 생율 3개 • 그린빈스 10개(또는 채소) • 구운 호두 반줌
드레싱 카프레제 드레싱(올리브오일 1.5큰술 • 소금 1꼬집)

맘앤쿡 요리비법
명절 후 남은 과일에 채소를 곁들이면 근사한 샐러드를 만들 수 있어요.

how to make

1. 사과와 배는 2cm 크기로 자른다.
2. 대추는 돌려 깎아 채 썰고, 생율도 채 썬다
3. 접시에 과일과 대추, 밤을 담고, 구운 그린빈스를 곁들인 후 분량의 드레싱으로 마무리한다.

겨울
Winter

#Shrimp
#Peanut

recipe #28

새우 청경채 샐러드

ingredient

중새우 8마리 • 청경채 3개 • 다진 땅콩 1큰술 • 맛술 1작은술 • 식용유 약간
드레싱 중화풍 드레싱(굴소스 1큰술 • 고추기름 1큰술 • 쑥청 1큰술 • 칠리소스 1큰술)

맘앤쿡 요리비법
청경채는 흐르는 물에 씻고, 너무 오래 볶지 않아요.

how to make

1. 새우는 끓는 물에 맛술을 약간 넣고 데친다.
2. 데친 새우는 껍질을 벗기고, 청경채는 4등분하여 자른다. 땅콩은 다진다.
3. 식용유를 두른 팬에 새우와 분량의 드레싱을 넣고 볶는다.
4. 3에 청경채를 넣고 다시 한번 살짝 볶는다.
5. 다진 땅콩으로 마무리한다.

#Dotorimuk
#Omiom

recipe
#29

도토리묵 참나물 샐러드

ingredient

도토리묵 1모 • 참나물 한줌 • 양파 1/4개
드레싱 한국식 매콤 드레싱(간장 2큰술 • 고춧가루 1작은술 • 통들깨 1작은술 • 다진 양파 1작은술 • 참기름 • 매실청 1큰술)

맘앤쿡 요리비법
참나물 대신 부추를 활용해도 좋아요.

how to make

1   도토리묵은 모양틀로 찍어 낸다.
2   양파는 채 썰고, 볼에 참나물을 넣고 드레싱을 뿌려 마무리한다.
3   접시에 채소를 담고 모양틀 묵을 올린다.

#Fusilli
#Tomato

recipe #30

토마토 냉파스타 샐러드

ingredient

푸실리 두줌 • 방울토마토 10개 • 미니채소 두줌 • 파르미자노 치즈 약간 • 소금 2꼬집 • 올리브유 1큰술
드레싱 오미자프렌치 드레싱(올리브유 2큰술 • 오미자청 3큰술 • 다진 파인애플즙 1큰술, 소금 1작은술)

맘앤쿡 요리비법
오미자는 따뜻한 성질을 가지고 있어 감기나 기침에 효능이 있어요. 아이들이 잘 먹는 파스타에 활용해도 좋아요.

how to make

1. 팔팔 끓는 물에 소금을 넣고 푸실리를 12분가량 삶아 헹군 후 올리브유로 버무린다.
2. 방울토마토는 2등분한다. 미니채소는 손질한다.
3. 접시에 미니채소를 담고, 푸실리와 방울토마토, 드레싱을 뿌린 후 치즈를 갈아 올린다.

#Chicken
#Carrot

recipe
#31

치킨 흑임자 샐러드

1

2

3

4

ingredient

닭다리살 4조각 • 베이비채소 두줌 • 우유 1/2컵 • 식용유 1작은술 •
소금 1꼬집 • 후추 1꼬집 • 당근 1/4개
드레싱 흑임자 두유 드레싱(두유 3큰술 • 흑임자 2큰술 • 매실청 1큰술 •
올리브유 1큰술)

맘앤쿡 요리비법
닭고기의 단백질과 당근의 B-카로틴을 함께 섭취하면 거칠어진 피부를 부드럽게 하는 효능이 있어요.

how to make

1 닭다리살은 우유에 재운 다음 물기를 뺀다. 소금, 후추로 밑간한다.
2 베이비채소는 씻어 물기를 뺀다. 당근은 채 썬다.
3 달군 팬에 식용유를 약간 둘러 닭다리살을 바삭하게 굽는다.
4 접시에 채소, 당근, 닭다리살을 곁들여 드레싱으로 마무리한다.

#Burdock
#Carrot

recipe
#32

우엉 삼색 샐러드

ingredient

우엉 1대 • 당근 1개 • 적양파 1/2개 • 식초 1작은술
드레싱 오리엔탈 퓨전 드레싱(간장 2큰술 • 매실청 1큰술 • 참깨 톡톡 • 설탕 1작은술 • 물 1큰술 • 올리브유 1큰술)

how to make

1. 우엉은 필러로 가볍게 손질하고, 당근과 양파도 손질한다.
2. 끓는 물에 식초를 약간 넣고 우엉을 데친다.
3. 볼에 분량의 드레싱을 넣고 버무린다.

맘앤쿡 요리비법
남은 재료는 김밥을 만들 때 활용해도 좋아요.

#Tofu

#Kimchi

#Pork

recipe
#33

두부김치버거 샐러드

ingredient

두부 1/2모(140g) 김치 한줌 • 다진 돼지고기 250g • 적양파 1/4개 • 쌈채소 적당량 • 식용유
양념 소금 1작은술 • 참기름 적당량 • 통깨·후추 각 2꼬집
드레싱 오리엔탈퓨전 드레싱(간장 2큰술 • 매실청 1큰술 • 참깨 톡톡 • 설탕 1작은술 • 물 1큰술 • 올리브유 1큰술)

맘앤쿡 요리비법
- 두부와 돼지고기를 함께 섭취하면 여름에 더위 먹는 것을 예방하는 데 효과적입니다.
- 남은 패티를 냉동 보관하여 햄버거 패티로 활용하면 좋아요.

how to make

1. 두부는 으깨어 망에 넣어 짠다. 김치도 다져 물기를 제거한 후 쌈채소와 적양파를 제외한 재료를 모두 혼합하여 치댄다.
2. 둥근 패티를 만든 후 식용유를 둘러 달군 팬에 굽는다.
3. 물기를 제거한 쌈채소와 드레싱을 곁들인다.

#Rice paper
#Apple

recipe
#34

파프리카 라이스 페이퍼 샐러드

ingredient

노랑 • 빨강 파프리카 각 1/2개 • 치커리 약간 • 양상추 1/4통 • 사과 1/2개 •
라이스페이퍼 4장
드레싱 피시소스 드레싱(피시소스 2큰술 • 파인애플즙 1큰술 • 칠리소스 3큰술 • 설탕 1큰술)

맘앤쿡 요리비법
파프리카는 칼로리가 낮아 다이어트에 좋은 식재료입니다.

how to make

1. 노랑, 빨간 파프리카의 씨를 제거한 후 채 썬다.
2. 양상추와 사과를 채 썬다.
3. 라이스페이퍼를 뜨거운 물에 살짝 데친 후 치커리와 1, 2를 넣어 돌돌 말아 준다.
4. 먹기 좋게 잘라 치커리와 소스를 함께 곁들인다.

#Beef
#Chives

recipe
#35

차돌박이 영양부추 샐러드

1

2

ingredient

차돌박이 200g • 영양부추 한줌 • 양파 1/4개 • 방울토마토 3개
양념 소금 1작은술 • 참기름 적당량 • 통깨·후추 각 2꼬집
드레싱 오리엔탈퓨전 드레싱(간장 2큰술 • 매실청 1큰술 • 참깨 톡톡 • 설탕 1작은술 • 물 1큰술 • 올리브유 1큰술)

맘앤쿡 요리비법

부추는 B-카로틴이 풍부해요. B-카로틴은 감기를 예방하고 거칠어진 피부를 부드럽게 한답니다.

how to make

1. 양파는 채 썰고, 방울토마토는 반으로 자르고, 영양부추는 씻어 물기를 뺀다.
2. 달군 팬에 차돌박이를 굽는다.
3. 접시에 영양부추를 올린 후 1, 2를 올리고 드레싱을 곁들인다.

#Cherry
#Chicory
#Lemon Dressing

recipe
#36

연근 샐러드

ingredient

연근 1/2개 • 체리 3개 • 미니상추 한줌 • 치커리 한줌 • 식초 1큰술 • 소금 1꼬집
드레싱 레몬오일 드레싱(올리브유 2큰술 • 레몬즙 2큰술 • 다진 양파 1큰술 •
소금 1꼬집)

맘앤쿡 요리비법
연근의 점액 성분인 '뮤신'은 위 점막을 보호하는 효과가 있어요. 겨울철에 구하기 쉬운 석류나 당근으로 체리를 대체해도 좋아요.

how to make

1. 연근은 씻어 껍질을 제거한 후 동그랗게 썰어 식초와 소금을 넣고 데친다.
2. 접시에 손질한 미니상춧잎을 담고, 연근은 반으로 자른다.
3. 드레싱을 곁들이고, 체리로 토핑한다

남은 샐러드 활용하기

모닝빵
두부김치버거 샐러드
매실청에이드

ingredient

모닝빵 2개
추가 두부김치버거+오이 1/4개 • 토마토 1/2쪽 • 로메인잎 약간 • 요거트치즈 2큰술
드레싱 매실청 에이드(매실청 1/2컵 • 탄산수 1컵 • 얼음 3조각)

치아바타
깻잎 중화풍 돼지고기 샐러드
오미자 샹그리아

ingredient

치아바타 1개
추가 마스카포네치즈 1큰술 • 오이 1/2개
드레싱 오미자 샹그리아(오미자청 1/2컵 • 사과1쪽 • 레몬1쪽 • 탄산수 2컵 • 얼음)

맘앤쿡 요리비법
치아바타 한 쪽 면에 마스카포네치즈를 발라요.

바게트
요거트치즈 샐러드
오복차

ingredient

바게트 3조각
추가 오이 1/4개 • 요거트치즈 3큰술
드레싱 오복차(오미자청 2큰술 • 복분자청 2큰술 • 생수 2/3컵 • 잣 약간)

`맘앤쿡 요리비법`
보통 오이 샌드위치에는 크림치즈를 쓰지만 칼로리가 걱정된다면 요거트치즈를 추천해요. 오복차는 따뜻하게 즐겨도 좋아요.

또띠아
닭가슴살 그린 샐러드
자몽에이드

ingredient

또띠아 2장
추가 포기 로메인 1개 • 토마토 1/2개 • 씨겨자 머스터드 약간 • 꿀 1큰술
드레싱 자몽에이드(자몽청 1/2컵 • 탄산수 1컵 • 얼음 5조각 • 레몬 장식)

`맘앤쿡 요리비법`
또띠아 위에 절반 정도 씨겨자 머스터드를 바르고, 꿀을 뿌린 후 채소를 올려요.

맘앤쿡 Q&A

맘앤쿡님의 아침 일상은? 아이들 등교시키고, 남편 출근 돕기, 청소, 빨래… 여느 주부와 똑같아요. 전쟁 같은 바쁜 아침을 보내고 텃밭 가서 채소들과 이야기하고 따뜻한 커피 한 잔 마시기는 늘 기다려지고, 설레고 자랑할 만해요.

텃밭에선 어떤 식재료를 키우나요? 상추를 시작으로 딸기, 고추, 쑥갓, 부추, 호박, 참외, 수박, 포도나무, 매실나무 등을 키우고 있어요. 200여 평 되는 텃밭에서 봄에 씨앗을 뿌리고, 모종 심고, 풀 뽑고… 사계절에 맞추어 가족들이 먹을 만큼의 다양한 채소와 과일을 재배하고 있어요. 열매를 수확할 철이 되면 온가족이 기쁘게 친환경 식재료를 거두어들입니다.

언제부터 텃밭을 하게 된 건가요? 14년 전 큰아이가 돌이 지나면서부터 시작했어요. 큰아이가 아토피가 심해서 식재료를 바꿔보자는 생각에 텃밭을 시작하게 됐습니다. 건강한 음식을 먹고 자라면 좀 더 좋아지지 않을까 싶기도 했지만, 아이들이 흙을 밟으며 크길 바랬어요. 지렁이도 만지고, 달팽이와 함께 친구가 되고, 흙놀이도 하면서….
건강한 식재료를 먹이기 위해 시작한 텃밭이지만 지금은 온가족이 텃밭의 매력에 흠뻑 빠지게 되었습니다. 남편은 퇴근하면서 텃밭에 들러 물을 주기도 하고, 딸기, 포도를 따 먹고 돌아오기도 합니다. 주말엔 텃밭에 온가족이 함께 가서 수확의 기쁨도 누리면서 삼겹살도 구워 먹어요.

가장 아끼는 식재료는? 해마다 담그는 '청'을 가장 아끼고 사랑합니다. 드레싱을 만들 때 자주 사용하는 청은 요리에 떼려야 뗄 수 없는 식재료죠. 하지만 텃밭에서 자라나는 친환경 채소와 과일이 빠진다면 청도 아무 의미 없겠지요?

새로운 샐러드나 드레싱을 만들 때 어디서 아이디어를 얻나요? 새벽에 열리는 새벽 재래시장을 즐겨 찾아요. 제철 식재료를 쉽게 찾을 수 있는 곳이기도 하면서도, 덤이라는 정이 함께 찾아오는 곳이기도 하죠. 농부들이 직접 재배한 채소와 과일이기 때문에 대형마트보다 재료가 더욱 신선하기도 하지만 더욱 귀한 것은 직접 재배하신 어르신들의 노하우도 들을 수 있다는 점이에요. 그분들께 텃밭 관리법도 배울 수 있고, 요리법의 아이디어도 얻을 수 있어요.

맘앤쿡이 가장 좋아하는 샐러드는? 어떤 요리에도 잘 어울리는 '상추 겉절이'입니다. 우리가 흔히 먹는 겉절이도 샐러드라 할 수 있어요. 양푼에서 바로 버무려 낸 겉절이. 생각만 해도 상큼하네요.

20가지 드레싱 중에 단 하나의 드레싱을 꼽으라면? 매실청, 오미자청, 복분자청 등 다양한 드레싱을 10여 년 전부터 만들어오고 있어요. 그중 최고는 발사믹 드레싱이에요. 동서양의 재료들이 혼합된 드레싱이라 남녀노소 누구나 즐길 수 있다는 게 장점입니다.

Daum 블로그를 하는 이유는? 먼 훗날 하나씩 꺼내 읽고 싶은 책처럼 나만의 요리 이야기를 담고 싶었어요. 많은 분께 비밀 병기 같은 나만의 레시피와 노하우를 알리고 싶기도 했고요. 지금은 제가 더 많은 걸 배우게 되는 곳이기 합니다.